웅진 주니어

몬스터과학 ❻ 충전 100% 에너지 세계로 출동!

초판 1쇄 발행 2016년 4월 27일 | 초판 18쇄 발행 2022년 10월 31일
글쓴이 이희주 | 그린이 김소희

발행인 이재진 | 도서개발실장 안경숙 | 편집 전소현 | 디자인 하늘·민 | 마케팅 정지운, 김미정, 신희용, 박현아, 박소현 | 제작 신홍섭
펴낸곳 (주)웅진씽크빅 | 주소 경기도 파주시 회동길 20 (우)10881
문의전화 031)956-7403(편집), 02)3670-1191, 031)956-7065, 7069(마케팅)
홈페이지 www.wjjunior.co.kr | 블로그 wj_junior.blog.me | 페이스북 facebook.com/wjbook | 트위터 @wjbooks
인스타그램 @woongjin_junior | 출판신고 1980년 3월 29일 제406-2007-00046호 | 제조국 대한민국

ⓒ 이희주, 김소희 2016 (저작권자와 맺은 특약에 따라 검인을 생략합니다.)
ISBN 978-89-01-20920-3 · 978-89-01-15247-9(세트) 74400

웅진주니어는 (주)웅진씽크빅의 유아·아동·청소년 도서 브랜드입니다.
이 책은 저작권법에 따라 보호받는 저작물이므로 무단전재와 무단복제를 금지하며, 이 책 내용의 전부 또는 일부를 이용하려면 반드시 저작권자와 (주)웅진씽크빅의 서면 동의를 받아야 합니다.

잘못 만들어진 책은 바꾸어 드립니다.
주의 1_책 모서리가 날카로워 다칠 수 있으니 사람을 향해 던지거나 떨어뜨리지 마십시오. 2_보관 시 직사광선이나 습기 찬 곳은 피해 주십시오.
웅진주니어는 환경을 위해 콩기름 잉크를 사용합니다.

❻
충전 100% 에너지 세계로 출동!

글 이희주 | 그림 김소희

웅진주니어

이 세상 어딘가에, 우주 어딘가에 몬스터 마을이 있어요.
그곳이 어디라고 꼭 짚어 말할 수는 없어요.
화산 속일지도 모르고, 오래된 나무 속, 블랙홀 언저리일지도 몰라요.
어쩌면 생각보다 훨씬 더 가까운 곳에 있을지도 모르고요.
몬스터만 아는 비밀이에요.
어느 날 여러분에게 지저분하거나 똑똑하거나
우울한 몬스터 한 마리가 찾아와도 놀라지 마세요.
그건 몬스터에 대한 예의가 아니니까요.

☞ **캐릭터를 선택하세요** ☜

몬스터

에이, 몬스터가 뭐 이래?

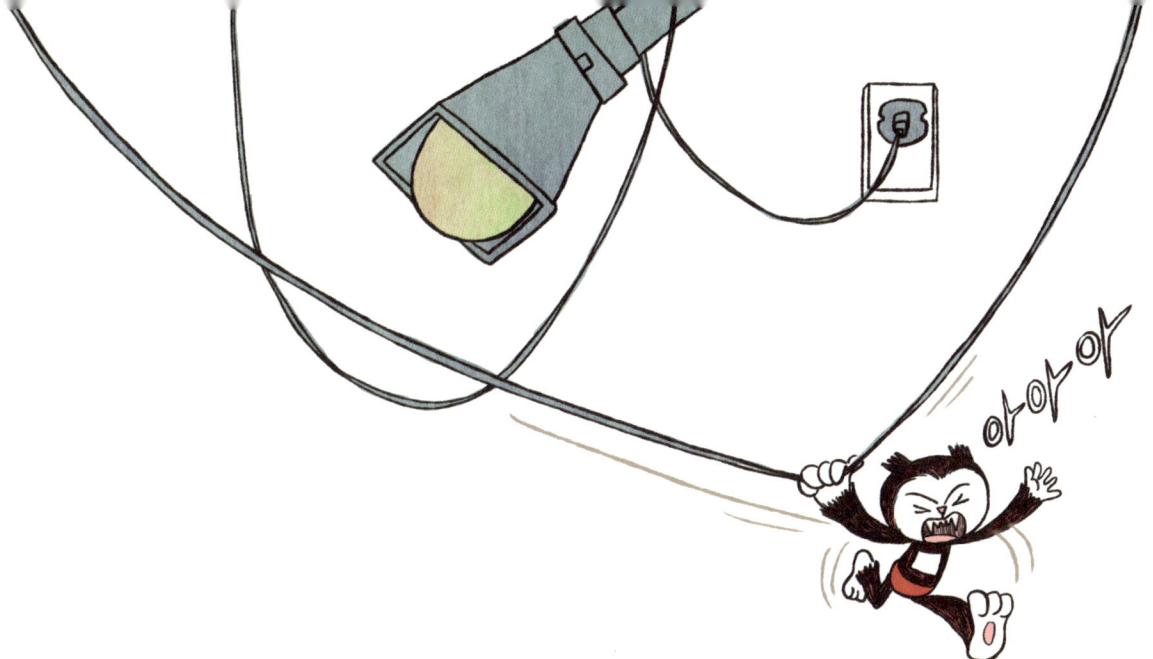

모두 다 에너지로 움직여! …… 10

에너지가 뭐길래? …… 14

열 받으면 움직인다고? …… 26

에너지 세상에 공짜는 없다! …… 32

짠, 전기 에너지로 변신! …… 38

밥이 내 연료라고? …… 42

식물도 에너지가 필요해! …… 48

태양 에너지가 바뀌고 바뀌고 …… 52

돌고 도는 에너지를 왜 아껴? …… 56

게임에서 본 게 진짜 몬스터였단 말이야? 새로 생긴 캐릭터인 줄 알았는데….

내 연기가 꽤 쓸 만했나 보군.

보다시피 난 진짜 몬스터야!

내 이름은 **에너몬**. 나로 말할 것 같으면, **몬타운 벼라별별연구소**에서 벼라별별 에너지를 연구하고 있는 **헬리오스 에네르기아 화르르 아그니몬** 박사님의 예비 조수지!

조수면 조수지 예비 조수는 또 뭐람? 암튼, 진짜 몬스터도 별거 아니네. 생쥐맨의 한 방에 나가떨어지다니.

그건 내가 게임 하느라 에너지 충전을 깜박했기 때문이야. 에너지가 바닥나서 그런 거라고.

세상에 에너지 없이 움직이는 게 있는 줄 알아?

모두 다 에너지로 움직여!

컴퓨터도 전기가 있어야 작동하고
세탁기도 전기가 있어야 돌아가지.
시곗바늘은 건전지가 있어야 움직이고,
스마트폰은 전기로 충전해야 쓸 수 있어.

자동차가 달리려면 가스나 휘발유 같은 연료가 필요해.
버스나 오토바이도 마찬가지야!

굴러가는 공도, 넘어지는 도미노 조각도
운동 에너지가 있어.
달리는 장난감 자동차도, 날아가는 종이비행기도
운동 에너지가 있지. 모두 움직이고 있으니까.

움직이고 있는 것은 다른 걸 움직이게 할 수 있어.
움직이는 내 다리는 공을 굴러가게 하고,
움직이는 공은 장난감 자동차를 달리게 해.
움직이는 내 손가락은 첫 번째 도미노 조각을
넘어뜨리고, 움직이는 첫 번째 도미노 조각은
두 번째 도미노 조각을 넘어뜨리지.
그러니까 움직이고 있는 건 다 에너지가 있어.
움직이는 것이 갖고 있는 에너지라서
운동 에너지야.

위치 에너지는 높은 데 있는 책이나 바위에 저장되어 있어서
당장은 움직이지 않아. 마치 에너지가 없는 것처럼 보이지.
하지만 책이 떨어지거나 바위가 구르면 저장되어 있던 위치 에너지가
운동 에너지로 바뀌면서 움직여.
내리막길에서 페달을 돌리지 않아도 자전거가 달리고, 언덕에서
신나게 눈썰매를 탈 수 있는 것도 모두 위치 에너지가 있어서야.
위치 에너지가 운동 에너지로 바뀌면서 움직이는 거지.

잘 봐! 에너지는 이리저리 모습을 바꾸는 데는 선수야.
둔한 변신 로봇 같은 거랑은 비교가 안 되지.
이리 와! 에너몬의 변신 미끄럼을 태워 줄게.

지금 너의 운동 에너지가 위치 에너지로 바뀌고 있어.

어떤 것들이 서로 닿은 채 움직이면 마찰열이 생겨.
미끄럼을 탈 때도 마찰열이 생기기 때문에 엉덩이가 뜨거워지는 거야.
운동 에너지는 열에너지나 소리 에너지로도 바뀌거든.

자동차가 달릴 때도 운동 에너지 일부가 마찰열로 바뀌어
바닥도, 바퀴도 따끈따끈해.

돌멩이로 바닥을 두드릴 땐
운동 에너지가 열과 소리로 바뀌지.

말했지?
열이랑 소리도
에너지라고?

그런데 열이랑
소리가 정말 에너지야?
에너지는 뭔가를
움직이는 거라면서?

맞아.
열도 소리도
모두 에너지야.

열이랑 소리도
뭔가를 움직이게
하거든.

열 받으면 움직인다고?

소리는 공기가 모였다 흩어지면서 옆의 공기를 밀고,
옆의 공기가 모였다 흩어지면서 다시 옆의 공기를 밀고,
그렇게 공기가 움직이면서 전달되지.

네가 소리를 들을 수 있는 것도 공기가 귓속의 고막을 두드리기 때문이야.
아주 크고 높은 소리를 가까이에서 들으면
귀가 따갑고 아픈 것도 그래서고.
소리가 높고, 클수록 에너지가 커서
고막을 더 세게 두드리거든.

에너지 세상에 공짜는 없다!

내가 이렇게 말을 하고, 소리를 지를 수 있는 건
지금 내 몸에 에너지가 있기 때문이야.
내 몸에 있는 전기 에너지가 소리 에너지로 바뀌는 거라고.

공이 통통 튀면서 움직일 때마다 운동 에너지는 위치 에너지로,
위치 에너지는 다시 운동 에너지로 계속해서 변해. 그러다 공이 멈추지.
하지만 공이 멈췄다고 에너지가 사라진 건 아니야.
공의 운동 에너지가 모두 마찰열과 소리로 바뀐 거야.
에너지는 생겨나지도 않고, 사라지지도 않아. 끊임없이 변할 뿐이지.
지금 이 순간에도 에너지가 변하고 있어.
예컨대 물방울의 위치 에너지가 운동 에너지로 바뀐다든지…….

전기 에너지는 변신의 챔피언이야. 어떤 에너지로도 잘 변하니까.

전기 에너지를 열에너지로 바꾸면 물을 끓이거나 요리를 할 수도 있지.

그런 건 다 전기를 쓰는 거 아니야?

말했잖아. 에너지는 모습을 바꿀 뿐 절대로 뿅 하고 사라져 버리거나 새로 생기는 법은 없다고.

에너지를 쓴다는 건 에너지를 써서 없애는 게 아니라 다른 에너지로 바꾸는 거야.

하지만 발전소에서는 전기를 만들잖아. 그러니까 에너지가 새로 생기는 거 아니야?

모르는 소리! 발전소라고 해서 없던 에너지를 만들어 내는 게 아니야.

다른 에너지를 전기 에너지로 바꾸는 것뿐이라고.

짠, 전기 에너지로 변신!

전기는 여러 가지 에너지로 쉽게 바꿀 수 있는 데다,
전선만 있으면 먼 곳까지도 금세 옮길 수 있어서 아주 편리해.
일단 전기 에너지로 바꿔서 이곳저곳으로 운반한 다음
다시 필요한 에너지로 바꿔 쓰면 되니까.
그래서 사람들은 여러 에너지를 전기 에너지로 바꾸지.

> 수력 발전소에서는 물의 위치 에너지를 전기 에너지로 바꿔. 높은 곳에 있는 물이 떨어질 때 그 에너지로 발전기를 돌려서 전기를 만드는 거야.

물론 소리도 에너지니까 바꿀 수는 있지.
하지만 전기세를 줄여 보겠다고 소리를
꽥꽥 지르지는 마.
1년 내내 목청껏 소리를 질러 봤자
형광등 하나도 켜기 힘드니까.
소리 에너지는 별로 강한 에너지가 아니거든.

밥이 내 연료라고?

에너지 세상에 공짜는 없다면서 난 어떻게 움직이는 거야?
난 마음대로 움직이고, 소리 지르고,
춤추면서 열에너지도 만들고, 페달을 돌려 전기 에너지도 만들잖아.
난 전기 코드도 안 꽂고, 건전지도 없고, 연료도 안 넣는데…….

좋은 질문이야!

넌 밥을 먹잖아. 어디 밥뿐이야?
밥 말고 오늘 네가 먹은 것만 해도 단팥빵 1개,
바스락 초코쿠키 10개, 콜라 1컵, 부러워 아이스크림 1개, 아이차 하드 1개,
달콤달콤 캐러멜 7개, 바나나 2개…… 이걸 다 하면 에너지가 대체 얼마야?
바나나 1개만 해도 20분은 쉬지 않고 달릴 수 있는 에너지인데…….

내가 먹은 밥이 에너지라고?

음식에도 연료처럼 화학 에너지가 들어 있어.
음식은 사람의 연료인 셈이야.
자동차가 연료를 태워서 얻은 에너지로 달리듯이
사람은 음식을 태워서 얻은 에너지로 움직이지.

종이든, 나무든, 연료든 뭔가가 타려면
산소가 필요해.
물론 네 몸속에서 음식이 탈 때도!
그래서 숨을 쉬면서 흠~ 하고
공기 중에 있는 산소를 들이마시는 거야.
후~ 할 때는 음식이 타면서 생긴
이산화탄소를 몸 밖으로 내보내는 거고.

네가 음식을 '꿀꺽' 하면…

③ 세포에서는 영양분을 태워서 네 몸이 언제든 쓸 수 있는 에너지를 만들어. 화력 발전소에서 연료를 태워 전기를 만드는 것과 비슷하지.

① 음식이 소화되어 영양분으로 잘게 쪼개져.

② 영양분은 네 몸을 이루고 있는 수많은 세포에 흡수되지.

영양분을 태워서 만든 에너지로 몸을 움직여.

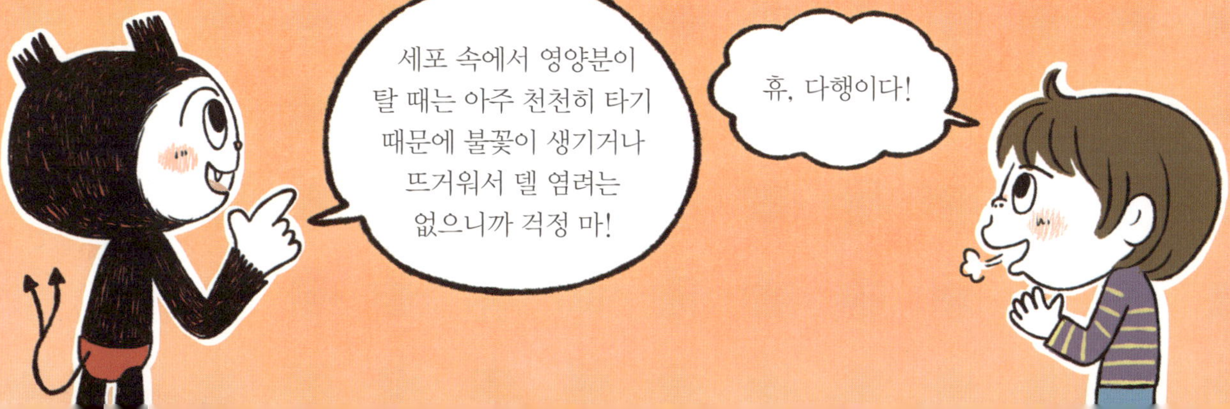

세포 속에서 영양분이 탈 때는 아주 천천히 타기 때문에 불꽃이 생기거나 뜨거워서 델 염려는 없으니까 걱정 마!

휴, 다행이다!

네가 왜 매일매일 밥을 먹고, 숨을 쉬는지 이제 알겠지?
그게 다 에너지를 얻기 위해서야. 사람도 에너지가 없으면 움직일 수 없다고!
몸을 움직이는 건 물론이고, 생각을 할 때도 에너지가 필요하지.
심지어 잠을 자고 있을 때도 네 몸은 에너지를 써. 숨 쉬고, 소화시키고,
심장이 뛰고, 또 몸이 자라는 데도 에너지가 필요하거든.

먹고, 숨을 쉬어야 사는 건 동물도 마찬가지야.
동물도 살아가려면 에너지가 필요해.
사람처럼 동물도 영양분을 태워서 에너지를 얻지.
먹이를 먹는 생명체는 다 먹이에서 에너지를 얻어.

생명체 중에서 광합성을 할 수 있는 건 오직 식물뿐이야.
식물은 잎에 엽록체와 엽록소라는 색소가 있어서 햇빛을 모을 수 있거든.
그래서 태양 에너지를 써서 광합성을 할 수 있어.
하지만 사람이랑 동물은 햇빛을 모을 수 없어서 태양 에너지를 바로 쓰지 못해.

식물이 광합성을 해서 태양 에너지를 화학 에너지인 영양분으로 바꾸면 사람과 동물은 그제야 식물을 먹고 에너지를 얻을 수 있지. 사람과 동물의 에너지는 모두 식물이 주는 거야. 그런데 식물은 태양 에너지로 광합성을 하니까 사람과 동물의 에너지도 결국 태양 에너지라고 할 수 있지.

태양 에너지가 바뀌고 바뀌고

태양 에너지는 햇빛에 실려 지구로 와.
지구에 도착한 태양 에너지는 열에너지로, 바람 에너지로,
운동 에너지로 계속해서 모습을 바꾸며 지구 위의 모든 것을 움직이지.

땅속에서 캐내는 석탄, 석유, 천연가스 같은 화석 연료도 태양 에너지가 변한 거야. 화석 연료는 수억 년 전 죽은 바다 생물과 식물이 땅속에서 눌리고 열을 받아 변한 거거든. 동물과 식물의 에너지는 태양 에너지가 변한 거니까 화석 연료도 태양 에너지에서 온 거지.

태양은 아주아주 크고 무지무지 뜨거운 수소 가스 덩어리야.
태양 한가운데는 끔찍하게 뜨거워서, 수소 원자핵끼리 들러붙는
'핵융합'이 일어나는데, 그때 어마어마한 에너지가 생겨.
태양은 그 큰 에너지를 햇빛으로 내보내지.

헬리오스 에네르기아 화르르 아그니몬 박사님께서 언젠가 계산했는데, 태양이 내보내는 에너지는 모든 지구인이 각자 3천억 개의 난로를 동시에 켰을 때 나오는 에너지랑 맞먹는대. 얼마나 큰지 상상이 가? 하긴, 지구에 오는 햇빛은 태양이 내보내는 전체 에너지의 20억 분의 1도 안 된다는데, 그걸로 지구에 있는 모든 것이 움직이고 지구 생명체가 다 살아가잖아.

요만큼으로 지구의 거의 모든 걸 움직인다니, 대단하지?

지구

게다가 태양은 앞으로도 50억 년은 더 핵융합을 할 거래. 그러니까 태양 에너지가 닳을까 봐 걱정할 필요는 없어.

그런데 왜 에너지를 아끼라는 거야? 에너지는 없어지지 않고 모습만 변한다며. 또 태양이 계속해서 지구에 에너지를 보내 줄 거라며.

돌고 도는 에너지를 왜 아껴?

태양 에너지를 마음껏 다 쓸 수 있다면 에너지 걱정은 없겠지.
하지만 햇빛은 지구 곳곳으로 흩어지기 때문에 모아서 쓰기가 쉽지 않아.
또 태양 에너지는 이런저런 에너지로 바뀌는데 그중에는 쉽게 쓸 수
있는 에너지도 있지만 좀처럼 쓰기 힘든 에너지도 많거든.

가장 골칫덩이는 열이야. 연료가 탈 때 주위로 빼앗기는 열, 뜨거운 것이 식으면서 나오는 열, 뭔가가 움직일 때마다 생기는 마찰열은 금세 사방으로 흩어지거든. 흩어진 열을 모아서 다른 에너지로 바꾸는 건 거의 불가능해. 이런 열로는 뭔가를 움직이거나 일을 할 수 없어. 더 이상 에너지라고 하기도 어렵지. 문제는 에너지가 다른 에너지로 바뀔 때마다 이런 쓸모없는 열도 함께 생긴다는 거야.

화력 발전소에서 우리가 쓸 수 있는 전기 에너지로 바꾸는 건 연료를 태울 때 나오는 에너지의 절반도 안 돼.

화석 연료는 부족한 것도 문제지만 환경 오염도 큰 문제야. 화석 연료를 많이 쓸수록 공기 중에 이산화탄소가 많아져서 지구 온난화가 심해지거든. 지구가 더 따뜻해지는 거야. 그럼 홍수나 가뭄 같은 자연재해가 잦아지고 생명체도 살기 어려워지지.

하지만 화석 연료만큼 힘세고, 언제든 쓸 수 있고, 값도 비싸지 않으면서 환경 오염도 없는 에너지를 찾기가 쉽진 않아.

예컨대 원자핵이 쪼개질 때 나오는 핵에너지는 화석 연료만큼 힘이 세서 발전기도 돌리고, 잠수함이나 우주선도 움직일 수 있어. 하지만 생명체에 해로운 방사능이 생긴다는 게 문제야.

가장 좋은 건 역시 태양 에너지야.
햇빛은 공해도 없고, 다 써 버릴 염려도 없으니까.
하지만 아직까진 햇빛을 모으는 기술이 부족해.

태양 전지는 햇빛을 모아서 전기로 바꿔 주는 장치야.
인공위성에 많이 쓰이지. 태양 전지로 가는 자동차도
연구 중이야. 하지만 아직은 가장 좋은 태양 전지도
받은 햇빛의 5분의 1 정도만 전기로 바꿀 수 있어.

태양열 주택은 집열판으로 햇볕을
모아서 물을 데워. 그렇게 데운
물로 집 안을 따뜻하게 하지. 하지만
여전히 빠져나가는 에너지가 많아.

인공 태양은 태양처럼 핵융합으로 에너지를 만드는 장치야.
같은 핵에너지라도 핵융합 에너지는 해로운 물질이 생기지 않아서
안심하고 쓸 수 있어. 에너지도 훨씬 크지.
만들기만 한다면 에너지 걱정은 끝이야.
하지만 언제 인공 태양을 완성할 수 있을지는 나도 몰라.

"헬리오스 에네르기아 화르르 아그니몬 박사님은 늘 말씀하시지."

"누구든 당장 새로운 에너지를 찾아낼 수 있다. 그건 바로 절약 에너지다!"

에너지를 아끼는 건 새로운 에너지를 찾아내는 거나 마찬가지야. 당장 집집마다 안 쓰는 전자 제품의 플러그만 뽑아도 발전소 몇 개는 필요 없어질걸. 그럼 지금 있는 에너지를 그만큼 더 오래 쓸 수 있고, 안전한 핵 발전소나 완벽한 태양 전지나 인공 태양을 만들 수 있는 시간을 벌 수 있지.

글 이희주

몬스터과학을 쓰기로 했을 때 초등학교 3학년 때 기억이 떠올랐어요.
학교에서 에너지가 여러 가지 형태로 모습을 바꾼다는 것을 배우고 세수할 때마다 실험을 했답니다.
물이 담긴 대야에 수돗물이 떨어지면 물소리가 나잖아요. 그럼 소리 에너지로 빼앗기는 만큼
떨어지는 물줄기의 힘이 약해지겠죠? 그래서 최대한 물소리가 안 나도록 조절하면서 물줄기의 모양을
관찰했어요. 물의 위치 에너지를 이용할 때 에너지 효율을 높일 수 있는 알맞은 물줄기의 굵기를
알아내겠다는 야무진 꿈을 갖고 말이에요. 뭐 결과적으로는 수돗물만 낭비하고 끝나 버렸지만요.
하지만 어쩌면 그런 실험 덕분에 물리학을 공부하고, 에너지에 관한 책을 쓰게 되었을지도 몰라요.
이 책을 읽고 어린이 친구들도 에너지에 관한 재미있는 생각을 많이많이 해 보면 좋겠습니다.
대학과 대학원에서 물리학을 공부하고, 출판사 편집장으로 일하면서 지식책을 쓰고 있어요.
쓴 책으로는 〈달을 찾아서〉〈원자, 넌 도대체 뭐니?〉〈외계인을 위한 지구 안내서〉
〈나대용, 태양계 탐사선에 납치되다〉〈동실둥실 공기랑 날아 봐〉들이 있습니다.

그림 김소희

에너몬을 닮은 고양이와 서울 언덕길 골목집에 살고 있습니다.
에너몬과 긴 시간 같이 하면서 집 안 곳곳의 전기 콘센트를 살펴보기도 하고,
번쩍거리는 도시의 야경 속을 날아다니는 상상을 하기도 했습니다.
우리가 빌려 쓰고 있는 이 땅과 하늘과 태양에게 감사하는 마음으로 그림을 그렸습니다.
환경운동연합이 발간하는 월간지 〈함께 사는 길〉과 농협 어린이 월간지 〈어린이 동산〉에
만화를 연재하고, 〈우리는 모두 건강할 권리가 있다〉〈암탉, 엄마가 되다〉
〈어떡하지, 난 꿈이 없는데〉들의 어린이 책에 그림을 그렸습니다.

몬스터과학 1 공주의 뇌를 흔들어라 김성화, 권수진 글 | 나오미양 그림

몬스터과학 2 우주의 끝이 어디야? 함석진 글 | 강경수 그림

몬스터과학 3 두몽이, 유전의 비밀을 풀다 이은희 글 | 최미란 그림

몬스터과학 4 세포야, 쪼개져라! 많아져라! 김성화, 권수진 글 | 원혜진 그림

몬스터과학 5 세균, 보이지 않는 세계를 부탁해! 박용기 글 | 박재현 그림

몬스터과학 6 충전 100% 에너지 세계로 출동! 이희주 글 | 김소희 그림

〈몬스터과학〉 시리즈는 계속 출간됩니다.